Christophe DECOTTE

Vers une Paix Fragile : Le Chemin de l'Accord entre la Russie et l'Ukraine

Introduction :
Les Origines du Conflit

Contexte historique de la relation entre la Russie et l'Ukraine

Depuis des siècles, la relation entre la Russie et l'Ukraine a été marquée par une complexité inhérente, façonnée par des facteurs historiques, culturels, économiques et géopolitiques. Pour comprendre les origines du conflit contemporain entre ces deux nations, il est essentiel d'explorer ce contexte historique riche et souvent tumultueux.

L'histoire de l'Ukraine est étroitement liée à celle de la Russie, remontant à l'époque médiévale où les deux territoires étaient souvent gouvernés par les mêmes dynasties. L'Ukraine, avec sa position stratégique entre l'Europe et l'Asie, a été le théâtre de nombreux conflits et invasions, impliquant des puissances telles que la Pologne, l'Empire ottoman et la Russie.

Au XVIIe siècle, une grande partie de l'Ukraine occidentale était sous domination polonaise, tandis que l'est et le sud étaient intégrés dans l'Empire russe. Cette division historique a laissé des traces profondes dans la conscience nationale ukrainienne, avec une identité culturelle et linguistique distincte se développant dans chaque région.

Le XIXe siècle a été marqué par un mouvement nationaliste ukrainien croissant, cherchant à préserver et à promouvoir l'identité nationale du peuple ukrainien. Cependant, cette montée du nationalisme a également alimenté les tensions avec la Russie impériale, qui cherchait à consolider son contrôle sur ses territoires frontaliers, y compris l'Ukraine.

La Révolution russe de 1917 et la guerre civile qui a suivi ont entraîné une brève période d'indépendance pour l'Ukraine, mais cette période tumultueuse a été suivie par l'incorporation de la majeure partie de l'Ukraine dans l'Union soviétique en 1922.

Sous le régime communiste, l'Ukraine a connu une industrialisation forcée et des politiques de collectivisation agricole qui ont entraîné des souffrances humaines considérables, notamment la famine dévastatrice de 1932-1933, connue sous le nom d'Holodomor.

La Seconde Guerre mondiale a été une période de destruction massive pour l'Ukraine, avec des millions de vies perdues et des villes réduites en ruines. Après la guerre, l'Ukraine a été rétablie en tant que république soviétique, mais les tensions persistaient entre Moscou et Kiev, notamment en ce qui concerne le contrôle politique et économique.

L'effondrement de l'Union soviétique en 1991 a ouvert une nouvelle ère pour l'Ukraine, marquée par des aspirations démocratiques et une quête d'indépendance nationale. Cependant, cette transition vers l'indépendance a été entravée par des difficultés économiques, des luttes politiques internes et des tensions persistantes avec la Russie, en particulier en ce qui concerne la question de la souveraineté territoriale, notamment la Crimée et les régions de l'est de l'Ukraine.

Ainsi, le contexte historique entre la Russie et l'Ukraine est complexe et chargé d'une histoire longue et tumultueuse, caractérisée par des périodes de coopération, de conflit et de domination. Ces dynamiques historiques ont jeté les bases du conflit contemporain entre les deux nations, un conflit qui continue d'avoir des répercussions profondes sur la région et au-delà.

Les tensions ethniques, linguistiques et politiques

Les tensions entre la Russie et l'Ukraine ne se limitent pas à des différends géopolitiques, mais sont également enracinées dans des dynamiques ethniques, linguistiques et politiques complexes. Ces tensions ont émergé et se sont intensifiées au fil des siècles, laissant des cicatrices profondes dans les relations entre les deux pays.

D'un point de vue ethnique, la population de l'Ukraine est diversifiée, avec des Ukrainiens constituant la majorité ethnique, mais des minorités significatives, notamment des Russes, des Tatars de Crimée, des Hongrois, des Polonais et d'autres groupes. Cette diversité ethnique a souvent été exploitée à des fins politiques, alimentant les divisions et les suspicions entre les différentes communautés.

Linguistiquement, l'Ukraine est un pays bilingue, avec l'ukrainien et le russe comme langues principales. L'ukrainien est la langue officielle de l'État, tandis que le russe est largement parlé dans certaines régions, en particulier dans l'est et le sud du pays.

Cette dualité linguistique a été au cœur de nombreuses controverses et politiques, en particulier après l'indépendance de l'Ukraine en 1991.

Politiquement, les tensions entre la Russie et l'Ukraine ont été exacerbées par des divergences idéologiques et des rivalités géopolitiques. Alors que certains segments de la population ukrainienne ont cherché à s'éloigner de l'influence russe et à se rapprocher de l'Occident, d'autres ont maintenu des liens étroits avec la Russie, favorisant une orientation pro-russe. Ces divisions politiques ont souvent été manipulées par des acteurs internes et externes, alimentant les conflits et les dissensions au sein de la société ukrainienne.

En outre, les différences économiques entre la Russie et l'Ukraine ont également contribué aux tensions, en particulier après la chute de l'Union soviétique. Alors que la Russie a connu une transition économique relativement réussie vers le capitalisme, l'Ukraine a fait face à des défis économiques majeurs, notamment une récession prolongée, une corruption endémique et une instabilité politique. Ces disparités économiques ont exacerbé les tensions et alimenté les sentiments d'insatisfaction et de ressentiment envers la Russie.

Ainsi, les tensions ethniques, linguistiques et politiques entre la Russie et l'Ukraine sont profondément enracinées et ont joué un rôle central dans le conflit contemporain entre les deux pays. Comprendre ces dynamiques complexes est essentiel pour saisir pleinement les origines et la nature du conflit, ainsi que pour explorer les voies vers la résolution et la réconciliation.

Chapitre 1 : La Crise de Crimée

L'annexion de la Crimée par la Russie en 2014

La Crise de Crimée en 2014 représente un tournant majeur dans les relations entre la Russie et l'Ukraine, marquant le début d'un conflit qui allait secouer la région et susciter des réactions à l'échelle internationale. Ce chapitre examine en détail les événements qui ont conduit à l'annexion de la Crimée par la Russie et analyse les facteurs politiques, historiques et géopolitiques qui ont contribué à cette escalade soudaine de tensions.

Au cœur de la crise se trouve la révolution ukrainienne de février 2014, également connue sous le nom de Maïdan, qui a renversé le président ukrainien Viktor Ianoukovitch, accusé de corruption et d'autoritarisme. La chute de Ianoukovitch a été accueillie avec méfiance par la Russie, qui avait des liens étroits avec le président déchu et qui craignait de perdre son influence sur l'Ukraine.

Dans ce contexte de transition politique instable en Ukraine, la Crimée, une péninsule stratégique au sud de l'Ukraine, peuplée majoritairement de Russes ethniques et abritant une importante base navale russe à Sébastopol, est devenue le théâtre d'une confrontation croissante. Des hommes armés, largement considérés comme des forces spéciales russes sans insignes d'identification, ont commencé à occuper des bâtiments gouvernementaux clés en Crimée, affirmant agir pour protéger les intérêts russes dans la région.

Le 16 mars 2014, la Crimée a organisé un référendum controversé sur son statut politique, offrant aux habitants le choix entre rejoindre la Russie ou rester en tant que partie de l'Ukraine avec une autonomie élargie. Le référendum, qui a été largement condamné par la communauté internationale comme étant illégitime, a abouti à une écrasante majorité en faveur de l'adhésion à la Russie.

Peu de temps après le référendum, le 18 mars 2014, le président russe Vladimir Poutine a signé un accord avec les dirigeants de la Crimée pour annexer officiellement la région à la Fédération de Russie.

Cette action a été justifiée par la Russie comme une mesure pour protéger la population russophone de la Crimée et pour réaffirmer son contrôle sur un territoire qu'elle considérait historiquement comme étant russe.

L'annexion de la Crimée par la Russie a déclenché une condamnation généralisée de la part de la communauté internationale, avec des sanctions économiques sévères imposées à la Russie par les États-Unis, l'Union européenne et d'autres pays. Cette action unilatérale a également exacerbé les tensions entre la Russie et l'Ukraine, jetant les bases d'un conflit prolongé dans l'est de l'Ukraine, où des séparatistes pro-russes ont pris les armes contre le gouvernement ukrainien.

Ainsi, la Crise de Crimée en 2014 a été un moment crucial dans l'histoire récente de la région, marquant une escalade significative des tensions entre la Russie et l'Ukraine et jetant les bases d'un conflit prolongé aux répercussions profondes. Cette annexion contestée continue de diviser la communauté internationale et de constituer un obstacle majeur à la recherche d'une résolution pacifique du conflit dans l'est de l'Ukraine.

Réactions internationales et sanctions

La Crise de Crimée en 2014 a déclenché une réaction immédiate et vigoureuse de la part de la communauté internationale, avec des condamnations généralisées et des mesures prises pour tenter de dissuader la Russie de poursuivre son annexion de la région. Ce chapitre se penche sur les diverses réactions des acteurs internationaux et les sanctions économiques qui ont été imposées à la Russie en réponse à ses actions en Crimée.

Les États-Unis, l'Union européenne et d'autres acteurs internationaux ont rapidement condamné l'annexion de la Crimée par la Russie comme une violation flagrante du droit international et de la souveraineté de l'Ukraine. Les Nations unies ont adopté une résolution non contraignante affirmant l'intégrité territoriale de l'Ukraine et rejetant le référendum en Crimée comme étant illégal. De nombreux pays ont également rappelé leurs ambassadeurs de Moscou et ont gelé les contacts diplomatiques avec la Russie.

En outre, une série de sanctions économiques ont été imposées à la Russie par les États-Unis, l'Union européenne et d'autres pays en réponse à l'annexion de la Crimée. Ces sanctions comprenaient des interdictions de voyager et le gel des avoirs pour certains responsables russes impliqués dans la crise, ainsi que des restrictions sur les exportations de biens à double usage et sur l'accès aux marchés financiers internationaux pour certaines entreprises russes.

Les sanctions ont également ciblé des secteurs clés de l'économie russe, notamment l'énergie, les finances et la défense. L'Union européenne a interdit l'exportation de technologies sensibles utilisées dans l'exploration pétrolière en eaux profondes et la production de pétrole de schiste, tandis que les États-Unis ont imposé des restrictions sur les transactions avec des banques russes et des entreprises du secteur de la défense.

Ces sanctions économiques ont eu un impact significatif sur l'économie russe, contribuant à une récession prolongée, à une dépréciation de la monnaie et à une fuite des capitaux.

Cependant, malgré la pression économique croissante, la Russie a maintenu sa position sur la Crimée, affirmant son droit à protéger les intérêts russes dans la région et rejetant les accusations de violation du droit international.

La Crise de Crimée et les réactions internationales qui ont suivi ont mis en lumière les divisions profondes au sein de la communauté internationale et ont exacerbé les tensions entre l'Occident et la Russie. Bien que les sanctions aient été conçues pour faire pression sur la Russie et la pousser à négocier une résolution pacifique du conflit en Ukraine, elles ont également alimenté les sentiments nationalistes en Russie et ont renforcé la détermination du gouvernement russe à défendre ses intérêts stratégiques dans la région.

Chapitre 2 : L'Insurrection dans l'Est de l'Ukraine

L'émergence des séparatistes pro-russes

L'insurrection dans l'est de l'Ukraine représente une autre phase critique du conflit entre la Russie et l'Ukraine, caractérisée par une montée de la violence et une division croissante au sein de la société ukrainienne. Ce chapitre examine les origines et l'évolution de cette insurrection, mettant en lumière les facteurs politiques, sociaux et géopolitiques qui ont alimenté le conflit dans cette région.

L'insurrection dans l'est de l'Ukraine a pris racine peu de temps après l'annexion de la Crimée par la Russie en 2014. Des manifestations pro-russes ont éclaté dans plusieurs villes de l'est de l'Ukraine, notamment Donetsk et Louhansk, où des groupes armés ont occupé des bâtiments gouvernementaux et défié l'autorité du gouvernement central à Kiev.

Ces manifestations ont été alimentées par un mélange complexe de mécontentement politique, de frustrations socio-économiques et d'identité culturelle.

Dans certaines régions de l'est de l'Ukraine, où une grande partie de la population parle russe et a des liens historiques et culturels étroits avec la Russie, les sentiments pro-russes étaient particulièrement forts, nourris par des années de propagande russe et de politiques discriminatoires perçues de la part du gouvernement ukrainien central.

Les séparatistes pro-russes ont rapidement pris le contrôle de vastes zones de l'est de l'Ukraine, établissant des républiques autoproclamées de Donetsk et de Louhansk et organisant des référendums illégaux sur leur indépendance vis-à-vis de l'Ukraine. Ces actions ont été largement condamnées par le gouvernement ukrainien et la communauté internationale, qui les ont qualifiées de violations flagrantes de la souveraineté et de l'intégrité territoriale de l'Ukraine.

Le conflit dans l'est de l'Ukraine s'est rapidement transformé en une guerre civile brutale, marquée par des combats de rue, des bombardements et des affrontements armés entre les forces ukrainiennes et les séparatistes pro-russes.

Des milliers de personnes ont été tuées et des centaines de milliers de personnes ont été déplacées en raison du conflit, créant une crise humanitaire majeure dans la région.

Les séparatistes pro-russes ont bénéficié du soutien tacite de la Russie, qui a fourni un soutien financier, logistique et militaire aux insurgés, y compris des armes, des munitions et des combattants. Bien que la Russie ait nié toute implication directe dans le conflit, des preuves irréfutables ont émergé de la présence de troupes russes et de matériel militaire russe dans l'est de l'Ukraine, alimentant les tensions entre Moscou et Kiev ainsi qu'avec la communauté internationale.

Ainsi, l'insurrection dans l'est de l'Ukraine a représenté une escalade dramatique du conflit entre la Russie et l'Ukraine, exacerbant les divisions internes et alimentant une crise humanitaire dévastatrice. Ce chapitre examine les causes profondes de cette insurrection et explore ses implications à la fois pour l'Ukraine et pour la région dans son ensemble.

Les affrontements armés et la guerre civile

L'insurrection dans l'est de l'Ukraine a rapidement dégénéré en une guerre civile brutale, caractérisée par des affrontements armés entre les forces ukrainiennes et les séparatistes pro-russes. Ce chapitre se penche sur la nature et l'intensité des combats qui ont ravagé la région, ainsi que sur les conséquences désastreuses de cette guerre civile sur la population civile et sur l'infrastructure locale.

Dès le début de l'insurrection, les affrontements armés ont éclaté dans de nombreuses villes de l'est de l'Ukraine, notamment Donetsk, Louhansk et Sloviansk, où les forces ukrainiennes ont lancé des opérations militaires pour reprendre le contrôle des territoires occupés par les séparatistes pro-russes. Ces affrontements ont été marqués par une violence extrême, avec des échanges de tirs, des bombardements d'artillerie et des assauts sur des positions fortifiées.

Les combats ont été particulièrement intenses dans les zones urbaines densément peuplées, où les forces ukrainiennes ont cherché à déloger les séparatistes des bâtiments gouvernementaux et des quartiers généraux de leurs forces. Ces opérations ont souvent été accompagnées de pertes civiles importantes, les civils étant pris au piège entre les feux croisés des deux camps.

La guerre civile en Ukraine a également vu l'émergence de groupes paramilitaires et de milices locales, qui ont joué un rôle important dans le conflit en fournissant un soutien aux forces ukrainiennes ou en défendant les intérêts des séparatistes pro-russes. Ces groupes étaient souvent mal réglementés et motivés par des intérêts divergents, ce qui a parfois conduit à des abus contre les droits de l'homme et à des violations des lois de la guerre.

En plus des affrontements directs entre les forces armées ukrainiennes et les séparatistes pro-russes, la guerre civile en Ukraine a été marquée par une série d'autres actes de violence, y compris des attaques terroristes, des enlèvements et des assassinats ciblés.

Ces actes de violence ont semé la terreur parmi la population civile et ont contribué à l'aggravation de la crise humanitaire dans la région.

La guerre civile en Ukraine a également eu des conséquences dévastatrices sur l'infrastructure et l'économie locales, avec des villes entières réduites en ruines et des industries clés, telles que l'industrie minière et sidérurgique, gravement perturbées. La destruction des infrastructures de base, telles que les routes, les ponts et les réseaux électriques, a entravé les efforts de reconstruction et de relèvement de la région, prolongeant ainsi la souffrance des populations locales.

En somme, les affrontements armés et la guerre civile dans l'est de l'Ukraine ont été marqués par une violence inouïe, des souffrances humaines indicibles et des destructions massives. Cette phase du conflit entre la Russie et l'Ukraine a profondément marqué la région et ses habitants, laissant des cicatrices qui mettront des années, voire des décennies, à guérir.

Chapitre 3 : Les Tentatives de Médiation

Les pourparlers de paix de Minsk

Les pourparlers de paix de Minsk ont été une tentative majeure de résoudre le conflit entre la Russie et l'Ukraine dans l'est de l'Ukraine, en fournissant une plateforme diplomatique pour les négociations entre les parties belligérantes. Ce chapitre explore l'histoire des pourparlers de Minsk, leurs objectifs, leurs défis et leurs résultats, ainsi que leur impact sur le conflit et sur la région dans son ensemble.

Les pourparlers de paix de Minsk ont débuté en 2014, sous l'égide de l'Organisation pour la sécurité et la coopération en Europe (OSCE), avec la participation de la Russie, de l'Ukraine et des séparatistes pro-russes. Ces pourparlers visaient à parvenir à un cessez-le-feu durable dans l'est de l'Ukraine, à faciliter le retrait des armes lourdes et à promouvoir un processus politique inclusif pour résoudre le conflit.

Les pourparlers de Minsk ont été organisés en plusieurs rounds, réunissant régulièrement les dirigeants ukrainiens, russes, français et allemands, ainsi que des représentants des séparatistes pro-russes. Les discussions ont porté sur divers aspects du conflit, notamment la sécurité, les frontières, les échanges de prisonniers et les réformes politiques en Ukraine.

Cependant, malgré des progrès occasionnels et des accords sur des mesures spécifiques, les pourparlers de Minsk ont été entravés par des violations répétées du cessez-le-feu et des désaccords persistants sur des questions clés. Les parties belligérantes se sont souvent accusées mutuellement de violer les accords de Minsk, alimentant ainsi les tensions et entravant les efforts de médiation.

Un aspect majeur des pourparlers de Minsk a été l'accord sur un plan en plusieurs étapes visant à résoudre le conflit dans l'est de l'Ukraine. Cet accord, connu sous le nom de "Paquet de mesures pour la mise en œuvre des accords de Minsk", prévoyait un cessez-le-feu immédiat, le retrait des armes lourdes, des élections locales dans les zones contrôlées par les séparatistes et une autonomie élargie pour l'est de l'Ukraine.

Cependant, la mise en œuvre de ces mesures s'est heurtée à de nombreux obstacles, notamment des violations persistantes du cessez-le-feu, des retards dans l'organisation des élections et des désaccords sur la question de l'autonomie régionale. Malgré plusieurs tentatives de relancer le processus de paix, notamment lors des sommets de Minsk ultérieurs, les pourparlers de paix ont été confrontés à des défis insurmontables et n'ont pas réussi à mettre fin au conflit dans l'est de l'Ukraine.

En conclusion, bien que les pourparlers de paix de Minsk aient représenté une initiative importante pour tenter de résoudre le conflit entre la Russie et l'Ukraine, ils ont été entravés par des obstacles et des désaccords persistants. Malgré leurs limitations, ces pourparlers ont joué un rôle crucial dans la sensibilisation internationale au conflit et ont jeté les bases pour d'autres initiatives de médiation visant à mettre fin à la crise dans l'est de l'Ukraine.

Les initiatives diplomatiques internationales

Les initiatives diplomatiques internationales ont joué un rôle crucial dans la tentative de résolution du conflit entre la Russie et l'Ukraine dans l'est de l'Ukraine. Ce chapitre examine les différentes initiatives prises par la communauté internationale pour médier le conflit, en mettant l'accent sur les efforts déployés par les organisations internationales, les puissances régionales et les acteurs externes.

L'Organisation pour la sécurité et la coopération en Europe (OSCE) :

L'OSCE a joué un rôle central dans la médiation du conflit en Ukraine, en fournissant une plateforme diplomatique pour les pourparlers de paix de Minsk. En tant qu'organisation de sécurité régionale, l'OSCE a supervisé le processus de négociation, facilité le dialogue entre les parties belligérantes et fourni une assistance technique pour surveiller le respect des accords de cessez-le-feu.

Les efforts de médiation des puissances régionales :

Plusieurs puissances régionales, notamment l'Allemagne, la France et les États-Unis, ont été activement engagées dans la médiation du conflit en Ukraine. Les dirigeants de ces pays ont participé aux pourparlers de paix de Minsk en tant que médiateurs neutres, aidant à faciliter les discussions et à surmonter les obstacles diplomatiques.

Les initiatives de l'Union européenne (UE) :

L'UE a également joué un rôle important dans la médiation du conflit en Ukraine, en coordonnant les efforts diplomatiques des États membres et en fournissant un soutien financier et logistique à l'Ukraine pour aider à résoudre la crise. L'UE a imposé des sanctions économiques à la Russie en réponse à l'annexion de la Crimée et au conflit dans l'est de l'Ukraine, tout en appelant au dialogue et à la désescalade.

Les tentatives de médiation bilatérales :

Plusieurs pays ont tenté de jouer un rôle de médiateur dans le conflit entre la Russie et l'Ukraine en menant des pourparlers bilatéraux avec les deux parties.

Ces efforts ont souvent été limités par les intérêts divergents des différentes parties et par la complexité du conflit, mais ils ont néanmoins contribué à maintenir le dialogue et à explorer des voies vers la résolution.

Les initiatives des Nations unies (ONU) :

Bien que les Nations unies n'aient pas joué un rôle direct dans les pourparlers de paix de Minsk, l'organisation a continué de suivre de près la situation en Ukraine et de fournir une assistance humanitaire aux populations affectées par le conflit. Le Secrétaire général des Nations unies a régulièrement appelé à un règlement pacifique du conflit et à un respect total des accords de Minsk.

En conclusion, les initiatives diplomatiques internationales ont représenté une composante essentielle de la réponse de la communauté internationale au conflit en Ukraine.

Bien que ces efforts n'aient pas toujours abouti à une résolution durable du conflit, ils ont contribué à maintenir le dialogue entre les parties belligérantes, à sensibiliser au conflit au niveau mondial et à créer un cadre pour d'autres initiatives de médiation visant à mettre fin à la crise dans l'est de l'Ukraine.

Chapitre 4 : Les Obstacles à la Paix

Les intérêts géopolitiques divergents

Les intérêts géopolitiques divergents représentent l'un des principaux obstacles à la résolution du conflit entre la Russie et l'Ukraine dans l'est de l'Ukraine. Ce chapitre explore les facteurs géopolitiques qui alimentent les tensions et compliquent les efforts de médiation et de réconciliation entre les deux pays.

La rivalité entre la Russie et l'Occident :

Le conflit en Ukraine s'inscrit dans le contexte plus large de la rivalité géopolitique entre la Russie et les puissances occidentales, notamment les États-Unis et l'Union européenne. L'annexion de la Crimée par la Russie et le conflit dans l'est de l'Ukraine ont exacerbé les tensions entre l'Occident et la Russie, alimentant ainsi les hostilités et compliquant les efforts de médiation.

Les aspirations européennes de l'Ukraine :

L'Ukraine a exprimé son désir de se rapprocher de l'Union européenne et de renforcer ses liens avec l'Occident, ce qui a été perçu comme une menace par la Russie.

Moscou considère l'Ukraine comme faisant partie de sa sphère d'influence historique et s'oppose fermement à son rapprochement avec l'Occident, ce qui a conduit à des tensions géopolitiques croissantes.

La question de la souveraineté territoriale :

La Russie considère l'est de l'Ukraine comme une région stratégique de son point de vue géopolitique, en raison de sa population russophone et de son importance économique et militaire. L'Ukraine, quant à elle, affirme son droit à la souveraineté territoriale et s'oppose fermement à toute tentative de la Russie de violer son intégrité territoriale.

Les enjeux énergétiques :

L'Ukraine joue un rôle crucial dans le transit de l'énergie entre la Russie et l'Europe occidentale, en particulier pour le gaz naturel.

Les conflits géopolitiques entre la Russie et l'Ukraine ont souvent eu des répercussions sur les approvisionnements énergétiques en Europe, ce qui ajoute une dimension supplémentaire aux tensions géopolitiques entre les deux pays.

Les aspirations régionales des séparatistes :

Les séparatistes pro-russes dans l'est de l'Ukraine ont leurs propres motivations géopolitiques, cherchant à établir des liens étroits avec la Russie et à préserver leur autonomie politique et économique. Ces aspirations régionales divergentes rendent encore plus difficile la recherche d'une solution négociée au conflit.

En conclusion, les intérêts géopolitiques divergents entre la Russie et l'Ukraine, ainsi que les puissances occidentales, représentent un obstacle majeur à la résolution du conflit dans l'est de l'Ukraine. Tant que ces tensions géopolitiques persistantes ne seront pas résolues, il sera difficile de parvenir à une paix durable et à une réconciliation entre les parties belligérantes.

Les influences extérieures et les agendas cachés

Les influences extérieures et les agendas cachés ont profondément affecté le conflit entre la Russie et l'Ukraine dans l'est de l'Ukraine, compliquant les efforts de médiation et de recherche de solutions durables. Ce chapitre explore les diverses influences extérieures et les intérêts cachés qui ont contribué à maintenir le conflit et à entraver les initiatives de paix.

Influence régionale :

Plusieurs puissances régionales, notamment la Russie, les États-Unis et l'Union européenne, ont des intérêts stratégiques dans la région et cherchent à promouvoir leurs propres agendas géopolitiques. La rivalité entre ces acteurs extérieurs a souvent alimenté les tensions et compliqué les efforts de médiation.

Interventions étrangères :

Plusieurs pays étrangers ont été accusés de fournir un soutien militaire, financier et logistique aux parties belligérantes dans le conflit en Ukraine.

La Russie a été particulièrement accusée de soutenir les séparatistes pro-russes dans l'est de l'Ukraine, tandis que certains pays occidentaux ont fourni une assistance militaire et humanitaire à l'Ukraine.

Intérêts économiques :

Le conflit en Ukraine a également été influencé par des considérations économiques, notamment les enjeux énergétiques et les intérêts commerciaux. La Crimée, en particulier, est une région riche en ressources naturelles et stratégiquement située, ce qui en fait un enjeu économique majeur pour la Russie et l'Ukraine, ainsi que pour d'autres acteurs régionaux.

Lutte pour l'influence idéologique :

Le conflit en Ukraine s'inscrit également dans une lutte plus large pour l'influence idéologique entre la Russie et l'Occident. La Russie cherche à promouvoir son propre modèle de gouvernance autoritaire et à s'opposer aux valeurs démocratiques et aux institutions occidentales, tandis que l'Occident soutient l'Ukraine dans sa quête de démocratie et d'intégration européenne.

Agendas cachés :

Enfin, certains acteurs extérieurs ont leurs propres agendas cachés dans le conflit en Ukraine, cherchant à tirer profit de l'instabilité et de l'incertitude pour promouvoir leurs propres intérêts géopolitiques ou économiques. Ces agendas cachés peuvent inclure des objectifs de domination régionale, de contrôle des ressources naturelles ou de déstabilisation de leurs rivaux.

En conclusion, les influences extérieures et les agendas cachés ont joué un rôle significatif dans le conflit entre la Russie et l'Ukraine dans l'est de l'Ukraine, alimentant les tensions et compliquant les efforts de recherche de solutions pacifiques. Comprendre ces influences et agendas est essentiel pour développer des stratégies efficaces de médiation et de résolution du conflit.

Chapitre 5 : Les Lueurs d'Espoir

Les accords de cessez-le-feu et les périodes de relative stabilité

Les accords de cessez-le-feu et les périodes de relative stabilité ont représenté des moments de calme temporaire dans le conflit entre la Russie et l'Ukraine dans l'est de l'Ukraine, offrant des lueurs d'espoir pour une résolution pacifique du conflit. Ce chapitre examine les principaux accords de cessez-le-feu qui ont été conclus, ainsi que les périodes de relative stabilité qui ont suivi, et analyse leur impact sur le conflit et sur la population civile.

Les accords de Minsk :

Les accords de Minsk, conclus en septembre 2014 et février 2015, ont représenté les principales tentatives de parvenir à un cessez-le-feu durable dans l'est de l'Ukraine.

Ces accords ont prévu un retrait des armes lourdes, la création de zones tampons et des mesures pour faciliter un processus politique inclusif.

Bien que ces accords aient été violés à plusieurs reprises, ils ont permis de réduire temporairement les combats et d'ouvrir la voie à des pourparlers de paix ultérieurs.

La mise en œuvre des accords de Minsk :

Malgré les défis persistants, certaines parties des accords de Minsk ont été partiellement mises en œuvre, notamment le retrait des armes lourdes et la libération de prisonniers. Ces mesures ont contribué à réduire les niveaux de violence et à créer un environnement plus propice aux négociations politiques.

Les périodes de relative stabilité :

À plusieurs reprises au cours du conflit, il y a eu des périodes de relative stabilité, caractérisées par une diminution des affrontements et une baisse des pertes civiles. Ces périodes de calme relatif ont souvent été le résultat de trêves locales ou de l'instauration de zones de désescalade par les parties belligérantes.

Les initiatives de désescalade :

En plus des accords de cessez-le-feu formels, plusieurs initiatives de désescalade ont été lancées par des acteurs internationaux et régionaux, visant à réduire les tensions sur le terrain et à créer des conditions favorables à la résolution pacifique du conflit. Ces initiatives comprenaient des efforts pour faciliter des négociations directes entre les parties, des initiatives humanitaires et des médiations de tiers.

Les défis persistants :

Malgré les accords de cessez-le-feu et les périodes de relative stabilité, de nombreux défis persistaient dans la mise en œuvre d'une paix durable dans l'est de l'Ukraine. Les violations répétées des accords, les désaccords sur les questions clés et les intérêts divergents des parties belligérantes ont continué de compromettre les efforts de médiation et de réconciliation.

En conclusion, les accords de cessez-le-feu et les périodes de relative stabilité ont représenté des étapes importantes dans la recherche d'une résolution pacifique du conflit en Ukraine.

Bien que ces lueurs d'espoir aient été souvent de courte durée et entachées par des violations répétées, elles ont néanmoins démontré la possibilité d'une désescalade et d'une coopération constructive entre les parties belligérant

Les initiatives de reconstruction et de réconciliation

Les initiatives de reconstruction et de réconciliation ont représenté des lueurs d'espoir dans le conflit entre la Russie et l'Ukraine dans l'est de l'Ukraine, offrant un chemin vers la guérison des traumatismes et la reconstruction des communautés déchirées par la violence. Ce chapitre examine les principales initiatives de reconstruction et de réconciliation qui ont été entreprises, ainsi que leur impact sur la population civile et sur la perspective d'une paix durable.

La reconstruction des infrastructures :

Après des années de combats destructeurs, la reconstruction des infrastructures de base, telles que les routes, les ponts, les écoles et les hôpitaux, est devenue une priorité urgente dans l'est de l'Ukraine.

Des initiatives nationales et internationales ont été lancées pour fournir une assistance financière et technique à la reconstruction, visant à restaurer les services essentiels et à permettre aux communautés de retrouver une vie normale.

La réhabilitation des zones dévastées :

En plus de la reconstruction des infrastructures physiques, des efforts ont été déployés pour aider les populations locales à se remettre des traumatismes émotionnels et psychologiques causés par le conflit. Des programmes de soutien psychosocial, de conseil et de réadaptation ont été mis en place pour aider les survivants de la violence à surmonter leurs traumatismes et à reconstruire leur vie.

Les initiatives de réconciliation intercommunautaire :

Pour promouvoir la réconciliation entre les différentes communautés déchirées par le conflit, des initiatives de dialogue et de réconciliation intercommunautaire ont été lancées. Ces initiatives ont facilité les rencontres entre les représentants des différentes communautés, favorisant la compréhension mutuelle, la tolérance et la coopération pour surmonter les divisions causées par le conflit.

La justice transitionnelle :

Pour répondre aux besoins de justice des victimes du conflit, des initiatives de justice transitionnelle ont été mises en place, visant à enquêter sur les violations des droits de l'homme, à poursuivre les auteurs de crimes de guerre et à promouvoir la vérité, la réconciliation et la réparation pour les victimes. Ces initiatives ont joué un rôle crucial dans la lutte contre l'impunité et dans la promotion de la responsabilité pour les crimes commis pendant le conflit.

La promotion de la cohésion sociale :

Enfin, des efforts ont été déployés pour promouvoir la cohésion sociale et le renforcement du tissu social dans les communautés touchées par le conflit. Des programmes de développement communautaire, de renforcement des capacités et de promotion de la citoyenneté active ont été mis en place pour aider les communautés à se reconstruire et à s'engager dans un avenir commun.

En conclusion, les initiatives de reconstruction et de réconciliation ont représenté des lueurs d'espoir dans le conflit en Ukraine, offrant un chemin vers la guérison des traumatismes et la reconstruction des communautés déchirées par la violence.

Bien que ces efforts soient souvent confrontés à des défis persistants, ils ont néanmoins démontré la possibilité de surmonter les divisions et de construire un avenir pacifique et prospère pour les populations touchées par le conflit.

Chapitre 6 : Les Échecs et les Régressions

Les violations des accords de Minsk

Les violations des accords de Minsk ont représenté des échecs significatifs dans la recherche d'une résolution pacifique du conflit entre la Russie et l'Ukraine dans l'est de l'Ukraine. Ce chapitre examine les principales violations des accords de Minsk, leurs conséquences sur le conflit et les efforts de médiation, ainsi que les facteurs sous-jacents qui ont contribué à ces violations.

Violations du cessez-le-feu :

Malgré les engagements pris dans le cadre des accords de Minsk pour un cessez-le-feu durable, les violations de ce cessez-le-feu ont été fréquentes et répétées.

Les deux parties au conflit, ainsi que les séparatistes pro-russes, ont été accusés de violer le cessez-le-feu en lançant des attaques, des bombardements et des escarmouches sur la ligne de front.

Retards dans le retrait des armes lourdes :

Les accords de Minsk prévoyaient le retrait des armes lourdes des zones de conflit, mais ce processus a été marqué par des retards et des violations. Les deux parties ont été accusées de ne pas respecter les délais convenus pour le retrait des armes, ce qui a contribué à maintenir une atmosphère de méfiance et d'instabilité sur le terrain.

Obstacles à l'accès humanitaire :

Les accords de Minsk prévoyaient également un accès humanitaire sans entrave aux zones touchées par le conflit, mais cet accès a souvent été entravé par des obstacles bureaucratiques, des restrictions de sécurité et des violations délibérées. Ces obstacles ont eu des conséquences dévastatrices pour la population civile, en entravant la livraison de l'aide humanitaire vitale et en aggravant la crise humanitaire dans la région.

Poursuite des hostilités :

En dépit des engagements pris dans le cadre des accords de Minsk pour mettre fin aux hostilités, le conflit dans l'est de l'Ukraine a continué de façon sporadique, avec des affrontements armés, des bombardements et des escarmouches sur la ligne de front.

Ces violations ont entravé les efforts de médiation et de désescalade et ont maintenu la population civile dans un état de peur et de traumatisme constant.

Manque de volonté politique :

Au-delà des défis opérationnels, les violations des accords de Minsk ont souvent été le résultat d'un manque de volonté politique de la part des parties belligérantes pour respecter leurs engagements. Les intérêts géopolitiques divergents, les agendas cachés et les rivalités historiques ont souvent pris le pas sur les impératifs de paix et de réconciliation, alimentant ainsi les violations et les échecs dans la mise en œuvre des accords.

En conclusion, les violations des accords de Minsk ont représenté des échecs majeurs dans la recherche d'une résolution pacifique du conflit en Ukraine.

Ces violations ont alimenté les hostilités, compliqué les efforts de médiation et prolongé la souffrance de la population civile. Comprendre les causes et les conséquences de ces violations est essentiel pour élaborer des stratégies efficaces visant à mettre fin au conflit et à promouvoir la paix dans la région.

Les retombées des élections et des changements de gouvernement

Les retombées des élections et des changements de gouvernement ont joué un rôle significatif dans l'évolution du conflit entre la Russie et l'Ukraine dans l'est de l'Ukraine. Ce chapitre explore les impacts des élections et des changements de gouvernement sur le conflit, ainsi que les défis et les régressions qu'ils ont engendrés.

Instabilité politique :

Les changements de gouvernement et les élections en Ukraine ont souvent été suivis d'une période d'instabilité politique, avec des transitions chaotiques et des luttes pour le pouvoir. Cette instabilité politique a parfois affaibli la capacité du gouvernement ukrainien à faire face efficacement au conflit dans l'est de l'Ukraine, créant des opportunités pour les acteurs extérieurs de manipuler la situation à leur avantage.

Manipulation politique :

Les élections et les changements de gouvernement ont également été accompagnés de tentatives de manipulation politique, tant de la part des acteurs intérieurs qu'extérieurs. Les campagnes électorales ont souvent été marquées par la désinformation, la propagande et les interférences étrangères, ce qui a contribué à polariser la société et à aggraver les divisions politiques internes.

Réactions des séparatistes :

Les élections et les changements de gouvernement en Ukraine ont souvent suscité des réactions variées de la part des séparatistes pro-russes dans l'est de l'Ukraine. Certains changements politiques ont été perçus comme des opportunités pour relancer les négociations de paix, tandis que d'autres ont été interprétés comme des menaces à l'autonomie et à l'identité russophone de la région, alimentant ainsi les tensions et les affrontements.

Effets sur les pourparlers de paix :

Les élections et les changements de gouvernement en Ukraine ont souvent eu des répercussions sur les pourparlers de paix et les efforts de médiation internationale.

Les nouveaux dirigeants ukrainiens ont parfois adopté des positions différentes sur le conflit et les accords de paix, remettant en question la continuité des engagements pris par les gouvernements précédents et compliquant les efforts de négociation.

Défis pour la reconstruction :

Les élections et les changements de gouvernement ont également posé des défis pour la reconstruction et la réconciliation dans l'est de l'Ukraine. Les nouveaux dirigeants ont dû faire face à des pressions pour répondre aux attentes de la population civile affectée par le conflit, tout en jonglant avec des priorités politiques et économiques concurrentes.

En conclusion, les retombées des élections et des changements de gouvernement ont eu des impacts significatifs sur le conflit en Ukraine, façonnant les dynamiques politiques, sociales et économiques dans l'est de l'Ukraine. Comprendre ces impacts est essentiel pour élaborer des stratégies efficaces de résolution du conflit et de promotion de la paix dans la région.

Chapitre 7 : Vers une Résolution Fragile

Les compromis nécessaires et les concessions faites

Ce chapitre examine les compromis nécessaires et les concessions faites par les parties impliquées dans le conflit entre la Russie et l'Ukraine dans l'est de l'Ukraine, en mettant en lumière les défis et les dilemmes auxquels elles sont confrontées dans leur quête d'une résolution pacifique et durable du conflit.

Compromis sur l'autonomie régionale :

Pour parvenir à une résolution pacifique du conflit, il est souvent nécessaire de trouver un compromis sur la question de l'autonomie régionale dans l'est de l'Ukraine.

Les parties impliquées doivent être prêtes à accepter des concessions en matière d'autonomie politique, administrative et culturelle pour répondre aux aspirations des populations locales tout en préservant l'intégrité territoriale de l'Ukraine.

Concessions sur le statut des territoires contestés :

Un autre point de friction majeur concerne le statut des territoires contestés dans l'est de l'Ukraine, notamment les régions de Donetsk et de Louhansk. Les parties impliquées doivent être prêtes à faire des concessions sur la question de la souveraineté et du contrôle territorial, en explorant des solutions créatives telles que des arrangements de gouvernance spéciaux ou des zones de statut spécial.

Compromis sur les questions de sécurité :

Pour parvenir à un cessez-le-feu durable et à la désescalade des tensions, les parties impliquées doivent également être prêtes à faire des compromis sur les questions de sécurité. Cela peut inclure des mesures de démilitarisation, des garanties de sécurité pour toutes les parties concernées et des mécanismes de surveillance internationale pour prévenir les violations du cessez-le-feu.

Concessions politiques :

En plus des compromis sur les questions territoriales et de sécurité, il peut également être nécessaire de faire des concessions politiques pour parvenir à une résolution pacifique du conflit.

Cela peut impliquer des réformes politiques, des élections libres et équitables dans les régions touchées par le conflit, ainsi que des garanties pour la représentation des minorités ethniques et linguistiques.

Défis et dilemmes :

Bien que les compromis et les concessions soient souvent nécessaires pour parvenir à une résolution pacifique du conflit, ils sont également confrontés à des défis et à des dilemmes complexes. Les parties impliquées doivent jongler avec des intérêts contradictoires, des pressions internes et externes, ainsi que des sentiments de méfiance et de rancœur accumulés au fil du conflit.

En conclusion, la recherche d'une résolution pacifique et durable du conflit entre la Russie et l'Ukraine dans l'est de l'Ukraine nécessite des compromis nécessaires et des concessions faites par toutes les parties impliquées.

Cependant, ces compromis sont souvent confrontés à des défis et à des dilemmes complexes, ce qui rend la quête d'une paix durable dans la région fragile et incertaine.

Les perspectives pour l'avenir et les défis persistants

Ce chapitre examine les perspectives pour l'avenir du conflit entre la Russie et l'Ukraine dans l'est de l'Ukraine, ainsi que les défis persistants qui entravent la recherche d'une résolution pacifique et durable du conflit.

Les défis de la mise en œuvre des accords de paix :

Bien que des accords de paix aient été conclus, notamment les accords de Minsk, la mise en œuvre de ces accords reste un défi majeur. Les parties impliquées continuent de violer les cessez-le-feu, de retarder le retrait des armes et de bloquer les réformes politiques et institutionnelles nécessaires à la résolution du conflit.

La persistance des tensions géopolitiques :

Les tensions géopolitiques entre la Russie et l'Occident continuent d'alimenter le conflit en Ukraine, rendant difficile la recherche d'une solution négociée.

Les rivalités historiques, les intérêts stratégiques et les rivalités idéologiques contribuent à maintenir une atmosphère de méfiance et d'hostilité entre les parties impliquées.

Les obstacles à la réconciliation :

Les divisions sociales, ethniques et politiques exacerbées par le conflit rendent la réconciliation entre les communautés ukrainiennes et russophones dans l'est de l'Ukraine difficile. Les sentiments de méfiance, de ressentiment et de traumatisme accumulés au fil du conflit doivent être surmontés pour parvenir à une paix durable et à une réconciliation véritable.

L'impact humanitaire et économique :

Le conflit en Ukraine a eu des conséquences dévastatrices sur la population civile, entraînant des pertes en vies humaines, des déplacements massifs de population et des dommages économiques considérables. La reconstruction des infrastructures, la fourniture d'une aide humanitaire et la relance économique des régions touchées par le conflit restent des défis majeurs pour l'avenir.

Les aspirations nationales et régionales :

Les aspirations nationales et régionales des différentes parties impliquées dans le conflit continuent de façonner les dynamiques du conflit et de compliquer les efforts de médiation et de résolution. L'Ukraine cherche à préserver son intégrité territoriale et à renforcer ses liens avec l'Occident, tandis que la Russie cherche à défendre ses intérêts géopolitiques dans la région.

En conclusion, la recherche d'une résolution pacifique et durable du conflit entre la Russie et l'Ukraine dans l'est de l'Ukraine est confrontée à des défis persistants et à des perspectives incertaines pour l'avenir. Pour surmonter ces défis, il est essentiel que toutes les parties impliquées s'engagent de manière sincère à respecter les accords de paix, à promouvoir la réconciliation et à œuvrer ensemble pour un avenir de paix et de prospérité pour la région.

Chapitre 8 : Les Leçons Tirées

Les enseignements à retenir pour la diplomatie internationale

La conclusion de cet ouvrage examine les leçons tirées du conflit entre la Russie et l'Ukraine dans l'est de l'Ukraine, en mettant en lumière les enseignements à retenir pour la diplomatie internationale et les efforts de résolution des conflits.

Importance du dialogue et de la médiation :

Le conflit en Ukraine souligne l'importance du dialogue et de la médiation dans la résolution des conflits internationaux. Les pourparlers de paix, les négociations diplomatiques et les efforts de médiation tiers peuvent jouer un rôle crucial dans la désescalade des tensions et la promotion d'une solution pacifique.

Nécessité du respect du droit international :

Le respect du droit international, y compris le respect de la souveraineté et de l'intégrité territoriale des États, est essentiel pour prévenir les conflits et garantir la stabilité régionale.

Les violations du droit international, telles que l'annexion de la Crimée par la Russie, ont des conséquences dévastatrices et alimentent les tensions géopolitiques.

Importance de la coopération internationale :

Le conflit en Ukraine souligne également l'importance de la coopération internationale dans la résolution des conflits régionaux. La communauté internationale, y compris les Nations Unies, l'Union européenne et d'autres organisations régionales, doit travailler ensemble pour promouvoir la paix, la sécurité et la stabilité dans le monde.

Engagement en faveur des droits de l'homme et de la justice :

Les violations des droits de l'homme et des normes internationales dans le conflit en Ukraine soulignent l'importance de l'engagement en faveur des droits de l'homme et de la justice dans la résolution des conflits.

La lutte contre l'impunité pour les crimes de guerre et les violations des droits de l'homme est essentielle pour promouvoir la réconciliation et la stabilité à long terme.

Nécessité d'une approche inclusive :

Enfin, le conflit en Ukraine met en évidence la nécessité d'une approche inclusive dans la résolution des conflits, en tenant compte des préoccupations et des intérêts de toutes les parties impliquées. Les processus de paix doivent être inclusifs, transparents et participatifs pour garantir une solution durable et légitime.

En conclusion, le conflit entre la Russie et l'Ukraine dans l'est de l'Ukraine offre de nombreuses leçons pour la diplomatie internationale et les efforts de résolution des conflits. En tirant les enseignements de ce conflit, la communauté internationale peut mieux répondre aux défis actuels et promouvoir la paix, la sécurité et la stabilité dans le monde.

Les implications à long terme pour la région et le monde

La conclusion de cet ouvrage se penche sur les implications à long terme du conflit entre la Russie et l'Ukraine dans l'est de l'Ukraine pour la région et le monde entier, mettant en lumière les enseignements et les défis qui perdureront dans les années à venir.

Instabilité régionale persistante :

Le conflit en Ukraine a créé une instabilité régionale persistante, alimentée par les tensions géopolitiques entre la Russie et l'Occident. Les rivalités historiques, les intérêts stratégiques et les divergences idéologiques continueront de façonner les dynamiques régionales, menaçant la sécurité et la stabilité dans toute l'Europe de l'Est.

Risques pour l'intégrité territoriale :

Le conflit en Ukraine a soulevé des questions sur l'intégrité territoriale des États et le respect du droit international.

Les annexions territoriales unilatérales, comme celle de la Crimée par la Russie, ont créé un précédent dangereux qui pourrait inciter d'autres acteurs à remettre en question les frontières internationalement reconnues, menaçant ainsi l'ordre mondial établi après la Seconde Guerre mondiale.

Défis pour les institutions internationales :

Le conflit en Ukraine a mis en lumière les défis auxquels sont confrontées les institutions internationales, telles que les Nations Unies et l'Union européenne, dans la résolution des conflits régionaux. Les divisions au sein du Conseil de sécurité de l'ONU et les divergences d'opinions au sein de l'UE ont entravé les efforts de médiation et de diplomatie, compromettant ainsi la capacité de la communauté internationale à répondre efficacement aux crises mondiales.

Répercussions économiques et humanitaires :

Le conflit en Ukraine a eu des répercussions économiques et humanitaires dévastatrices, entraînant des pertes économiques massives, des déplacements de population et une détérioration des conditions de vie pour de nombreux Ukrainiens.

La reconstruction des infrastructures détruites, la réintégration des personnes déplacées et la relance économique des régions touchées par le conflit seront des défis majeurs pour les autorités ukrainiennes et la communauté internationale.

Importance de la diplomatie et de la coopération :

Enfin, le conflit en Ukraine souligne l'importance de la diplomatie et de la coopération internationale dans la résolution des conflits régionaux. Les efforts de médiation, les pourparlers de paix et la diplomatie multilatérale sont essentiels pour désamorcer les tensions, promouvoir la réconciliation et prévenir de nouveaux conflits dans la région et au-delà.

En conclusion, le conflit entre la Russie et l'Ukraine dans l'est de l'Ukraine a des implications à long terme profondes pour la région et le monde entier. Comprendre ces implications et relever les défis qui en découlent exigera un engagement continu en faveur de la diplomatie, de la coopération internationale et du respect du droit international pour promouvoir la paix, la sécurité et la stabilité à l'échelle mondiale.

Chapitre 9 : Proposition de Plan de Paix entre l'Ukraine et la Russie

Cessez-le-feu immédiat et complet

Les deux parties doivent s'engager à un cessez-le-feu immédiat et complet dans l'est de l'Ukraine, avec un arrêt total des hostilités, des tirs d'armes et des bombardements.

Le cessez-le-feu immédiat et complet dans l'est de l'Ukraine est une étape cruciale vers la résolution pacifique du conflit entre l'Ukraine et la Russie. Il est impératif que les deux parties reconnaissent l'urgence de mettre fin à la violence qui a causé tant de souffrances et de pertes de vies humaines dans la région.

Pour garantir l'efficacité de ce cessez-le-feu, il est essentiel que toutes les hostilités cessent immédiatement et de manière totale. Cela signifie un arrêt complet des tirs d'armes, des bombardements et de toute autre action militaire agressive dans les zones touchées par le conflit.

Le respect scrupuleux de ce cessez-le-feu est indispensable pour créer un environnement propice à la résolution des différends par le dialogue et la négociation. Il permettra également de soulager la souffrance des populations civiles prises au piège du conflit, en leur offrant une pause bienvenue dans les combats et en facilitant l'accès à l'aide humanitaire et aux secours d'urgence.

Pour garantir la mise en œuvre efficace de ce cessez-le-feu, un mécanisme de surveillance international indépendant, composé de représentants des Nations Unies et de l'Organisation pour la sécurité et la coopération en Europe (OSCE), pourrait être déployé. Ce mécanisme serait chargé de surveiller le respect du cessez-le-feu, de signaler toute violation et de faciliter la résolution des différends entre les parties.

En mettant fin aux hostilités et en instaurant un cessez-le-feu immédiat et complet, les parties en conflit peuvent ouvrir la voie à des pourparlers de paix significatifs et à la recherche de solutions durables qui bénéficieront à toutes les parties concernées.

Retrait des troupes étrangères

La Russie doit retirer toutes ses troupes et son matériel militaire du territoire ukrainien, y compris de la Crimée, en conformité avec le droit international et les principes de souveraineté territoriale.

Le retrait des troupes étrangères, en l'occurrence les troupes russes et leur matériel militaire, est un élément crucial pour rétablir la stabilité et la souveraineté territoriale de l'Ukraine. La présence de troupes russes sur le territoire ukrainien, en particulier en Crimée, constitue une violation flagrante du droit international et des normes de souveraineté territoriale.

Le retrait des troupes russes et de leur équipement militaire est une étape essentielle pour restaurer la confiance entre l'Ukraine et la Russie, ainsi que pour ouvrir la voie à des négociations de paix significatives. Il envoie également un message clair selon lequel les actes d'agression et d'annexion territoriale ne seront pas tolérés par la communauté internationale.

Ce retrait doit être réalisé de manière vérifiable et transparente, sous la supervision d'observateurs internationaux neutres, tels que des représentants des Nations Unies et de l'OSCE. Il doit être complet, sans exception ni réserve, et inclure le rapatriement de tout le matériel militaire, y compris les armes lourdes, les véhicules blindés et les équipements de communication.

En se conformant au droit international et aux principes de souveraineté territoriale, la Russie démontrerait sa volonté de résoudre le conflit de manière pacifique et de respecter les normes et les valeurs internationales. Cela permettrait également de créer un environnement propice à la réconciliation et à la coopération future entre l'Ukraine et la Russie, favorisant ainsi la stabilité et la sécurité dans la région.

Démilitarisation et désarmement

Les deux parties doivent entreprendre un processus de démilitarisation et de désarmement dans les zones affectées par le conflit, en retirant les armes lourdes et en réduisant progressivement les forces militaires déployées dans la région.

Le processus de démilitarisation et de désarmement dans les zones affectées par le conflit entre l'Ukraine et la Russie revêt une importance cruciale pour instaurer une paix durable et rétablir la confiance entre les parties impliquées. Il s'agit d'une étape nécessaire pour réduire les tensions militaires, prévenir de nouveaux affrontements et ouvrir la voie à des négociations de paix significatives.

Premièrement, cela implique le retrait des armes lourdes, telles que les systèmes d'artillerie, les lance-roquettes multiples et les missiles sol-air, des zones de conflit. Ces armes sont responsables de la plupart des pertes civiles et des dommages matériels dans le conflit et leur élimination contribuera à réduire les risques de violences futures.

Deuxièmement, il est essentiel de réduire progressivement les forces militaires déployées dans la région. Cela pourrait se faire par le rapatriement des troupes, la désactivation des bases militaires et la réduction des effectifs militaires. Cette mesure contribuera à diminuer la présence militaire dans la région et à renforcer le sentiment de sécurité des populations civiles.

Pour garantir l'efficacité de ce processus, un mécanisme de vérification et de surveillance international, composé d'observateurs neutres et impartiaux, devrait être mis en place. Ces observateurs pourraient être mandatés par des organisations telles que les Nations Unies et l'OSCE pour superviser le retrait des armes et la réduction des forces militaires, et veiller à ce que les engagements pris par les parties soient respectés.

En engageant un processus de démilitarisation et de désarmement, les deux parties démontrent leur engagement en faveur d'une résolution pacifique du conflit et leur volonté de restaurer la stabilité et la sécurité dans la région.

Cela ouvre également la voie à des discussions plus approfondies sur les questions politiques, économiques et humanitaires sous-jacentes au conflit, en vue de parvenir à une paix durable et inclusive.

Surveillance internationale

Un mécanisme de surveillance international, composé de représentants des Nations Unies et de l'OSCE (Organisation pour la sécurité et la coopération en Europe), doit être établi pour superviser le respect du cessez-le-feu, surveiller le retrait des troupes et veiller au respect des droits de l'homme.

L'établissement d'un mécanisme de surveillance international est crucial pour garantir le respect du cessez-le-feu, surveiller le retrait des troupes et assurer le respect des droits de l'homme dans les zones affectées par le conflit entre l'Ukraine et la Russie. Ce mécanisme de surveillance devrait être impartial, transparent et doté des ressources nécessaires pour accomplir efficacement ses missions.

Tout d'abord, en ce qui concerne le respect du cessez-le-feu, les représentants de ce mécanisme de surveillance seront chargés de surveiller les activités militaires sur le terrain, en utilisant des moyens de surveillance technologiques tels que des drones, des satellites et des équipements de détection des tirs.

Ils devront documenter toute violation du cessez-le-feu et signaler immédiatement les incidents aux parties concernées, ainsi qu'aux médiateurs internationaux.

Ensuite, en ce qui concerne le retrait des troupes, les représentants de ce mécanisme de surveillance seront responsables de vérifier et de superviser le processus de retrait des forces militaires étrangères des zones désignées. Ils devront s'assurer que le retrait est effectué de manière complète, vérifiable et transparente, conformément aux accords de paix convenus entre les parties.

Enfin, en ce qui concerne le respect des droits de l'homme, les représentants de ce mécanisme de surveillance auront pour mission de documenter et de signaler toute violation des droits de l'homme, notamment les attaques contre les civils, les actes de torture, les enlèvements et les discriminations ethniques. Ils devront également surveiller les conditions des personnes déplacées et veiller à ce qu'elles reçoivent une assistance humanitaire adéquate.

Pour garantir l'efficacité de ce mécanisme de surveillance, il est essentiel que les représentants soient impartiaux et jouissent d'une totale indépendance dans l'exercice de leurs fonctions.

Ils devront avoir un accès sans entrave à toutes les zones concernées par le conflit et bénéficier d'une coopération pleine et entière des parties impliquées.

En fin de compte, ce mécanisme de surveillance international sera un outil précieux pour prévenir les violations du cessez-le-feu, surveiller le retrait des troupes et protéger les droits de l'homme dans les zones touchées par le conflit entre l'Ukraine et la Russie. Il contribuera à renforcer la confiance entre les parties, à favoriser la transparence et à créer un environnement propice à la résolution pacifique du conflit.

Dialogue politique inclusif

Les deux parties doivent engager un dialogue politique inclusif pour résoudre les questions politiques, économiques et sociales sous-jacentes au conflit. Ce dialogue devrait inclure la participation de représentants du gouvernement ukrainien, des séparatistes pro-russes, ainsi que des communautés locales et des groupes

Le dialogue politique inclusif est une étape essentielle pour résoudre les questions politiques, économiques et sociales sous-jacentes au conflit entre l'Ukraine et la Russie dans l'est de l'Ukraine. Ce dialogue doit être ouvert à toutes les parties concernées, y compris les représentants du gouvernement ukrainien, les séparatistes pro-russes, ainsi que les communautés locales et les groupes minoritaires.

Tout d'abord, la participation des représentants du gouvernement ukrainien est essentielle pour garantir la légitimité et la crédibilité du processus de dialogue. Le gouvernement ukrainien est le représentant légitime du peuple ukrainien et a un rôle crucial à jouer dans la recherche de solutions durables au conflit.

Sa participation active au dialogue politique est nécessaire pour élaborer et mettre en œuvre des politiques et des réformes visant à répondre aux préoccupations et aux aspirations de toutes les parties concernées.

Ensuite, la participation des séparatistes pro-russes est également indispensable pour garantir la représentativité et l'inclusivité du dialogue. Bien que leur légitimité puisse être contestée, ils représentent une partie significative de la population dans les régions affectées par le conflit et doivent donc être inclus dans le processus de prise de décision. Leur participation permettra de mieux comprendre leurs revendications et leurs préoccupations, et de travailler ensemble à des solutions acceptables pour toutes les parties.

De plus, il est crucial d'inclure les communautés locales et les groupes minoritaires dans le dialogue politique. Ces groupes sont souvent les plus touchés par le conflit et ont des préoccupations uniques en matière de sécurité, de droits de l'homme et de développement économique.

Leur participation garantira que leurs voix soient entendues et prises en compte dans la recherche de solutions durables et inclusives.

Pour garantir le succès du dialogue politique inclusif, il est essentiel de créer un environnement propice à la discussion franche et ouverte, basé sur le respect mutuel, la confiance et la bonne volonté. Les médiateurs internationaux, tels que les Nations Unies et l'OSCE, peuvent jouer un rôle important en facilitant le processus de dialogue, en offrant une assistance technique et en fournissant des garanties de sécurité pour toutes les parties impliquées.

En fin de compte, le dialogue politique inclusif est une étape cruciale pour parvenir à une résolution pacifique et durable du conflit entre l'Ukraine et la Russie dans l'est de l'Ukraine. En réunissant toutes les parties concernées autour de la table des négociations, il offre une chance de trouver des solutions acceptables pour tous et de construire un avenir de paix et de prospérité pour la région.

Réformes constitutionnelles et décentralisation

L'Ukraine doit engager des réformes constitutionnelles et des processus de décentralisation visant à accorder une plus grande autonomie aux régions de l'est de l'Ukraine, tout en préservant l'intégrité territoriale du pays.

Les réformes constitutionnelles et la décentralisation sont des mesures cruciales pour répondre aux préoccupations politiques et sociales sous-jacentes au conflit entre l'Ukraine et la Russie dans l'est de l'Ukraine. Ces réformes visent à concilier les aspirations des régions de l'est de l'Ukraine à une plus grande autonomie avec l'objectif de préserver l'intégrité territoriale et l'unité nationale de l'Ukraine.

Tout d'abord, les réformes constitutionnelles sont nécessaires pour établir un cadre juridique solide garantissant les droits et les responsabilités des différentes régions de l'Ukraine.

Cela pourrait impliquer la révision des pouvoirs et des compétences des autorités centrales et locales, ainsi que la reconnaissance formelle du statut spécial des régions de l'est de l'Ukraine, en tenant compte de leurs spécificités historiques, culturelles et linguistiques.

Ensuite, la décentralisation vise à transférer un certain nombre de compétences et de ressources du gouvernement central aux autorités locales, notamment les conseils régionaux et les administrations locales. Cela permettra aux régions de l'est de l'Ukraine de prendre des décisions sur des questions telles que l'éducation, la santé, l'aménagement du territoire et le développement économique, en fonction de leurs besoins et de leurs priorités spécifiques.

Cependant, il est crucial que ces réformes soient mises en œuvre de manière à préserver l'intégrité territoriale de l'Ukraine et à renforcer l'unité nationale du pays. Cela nécessite un équilibre délicat entre la décentralisation et la préservation de l'autorité centrale, afin d'éviter toute fragmentation ou division de l'État ukrainien.

Pour garantir le succès de ces réformes, un processus inclusif et participatif est nécessaire, impliquant toutes les parties concernées, y compris les représentants du gouvernement central, des autorités locales, des séparatistes pro-russes et des communautés locales. Les médiateurs internationaux, tels que les Nations Unies et l'OSCE, peuvent jouer un rôle important en facilitant ce processus et en offrant une assistance technique et diplomatique.

En fin de compte, les réformes constitutionnelles et la décentralisation sont des éléments clés pour parvenir à une résolution pacifique et durable du conflit entre l'Ukraine et la Russie dans l'est de l'Ukraine. En garantissant une plus grande autonomie aux régions de l'est de l'Ukraine tout en préservant l'intégrité territoriale de l'État ukrainien, ces réformes contribueront à renforcer la stabilité et la cohésion nationale de l'Ukraine, tout en répondant aux aspirations légitimes de toutes les parties concernées.

Protection des droits de l'homme et des minorités

Les deux parties doivent garantir la protection des droits de l'homme, y compris les droits des minorités ethniques et linguistiques, dans les zones touchées par le conflit. Cela comprend la prévention des discriminations, des abus et des violations des droits fondamentaux.

La protection des droits de l'homme et des minorités est un élément fondamental pour assurer une paix durable et une réconciliation efficace entre l'Ukraine et la Russie dans les zones affectées par le conflit. Les deux parties doivent s'engager à garantir la protection des droits fondamentaux de toutes les personnes vivant dans ces zones, y compris les minorités ethniques et linguistiques.

Tout d'abord, cela implique la prévention de toute forme de discrimination fondée sur l'origine ethnique, la langue, la religion ou tout autre critère. Les autorités ukrainiennes et les séparatistes pro-russes doivent veiller à ce que tous les citoyens, quel que soit leur groupe d'appartenance, jouissent des mêmes droits et libertés, sans discrimination ni exclusion.

Ensuite, il est essentiel de prévenir les abus et les violations des droits de l'homme, y compris les arrestations arbitraires, la torture, les mauvais traitements et les disparitions forcées. Les deux parties doivent respecter les normes internationales en matière de droits de l'homme et garantir l'accès des organisations humanitaires et des agences de surveillance des droits de l'homme aux zones touchées par le conflit.

De plus, la protection des droits des minorités ethniques et linguistiques nécessite des mesures spécifiques pour garantir leur participation pleine et égale à la vie sociale, politique et économique. Cela pourrait inclure la promotion de l'éducation dans leur langue maternelle, la reconnaissance de leurs institutions culturelles et religieuses, ainsi que la représentation adéquate dans les institutions gouvernementales et les organes de prise de décision.

Pour garantir la mise en œuvre efficace de ces mesures, un mécanisme de surveillance indépendant, composé d'observateurs internationaux et d'organisations de défense des droits de l'homme, pourrait être établi.

Ce mécanisme serait chargé de surveiller le respect des droits de l'homme dans les zones touchées par le conflit, de documenter les violations et les abus, et de signaler les cas de non-respect aux autorités compétentes et à la communauté internationale.

En fin de compte, la protection des droits de l'homme et des minorités est un élément essentiel pour parvenir à une paix durable et à une réconciliation efficace entre l'Ukraine et la Russie dans les zones affectées par le conflit. En garantissant le respect des droits fondamentaux de toutes les personnes vivant dans ces zones, les deux parties peuvent contribuer à construire un avenir de paix, de justice et de respect mutuel pour tous.

Reconstruction et réconciliation

Des efforts significatifs doivent être entrepris pour reconstruire les infrastructures détruites, fournir une assistance humanitaire aux populations touchées par le conflit et promouvoir la réconciliation entre les communautés divisées par la guerre.

La reconstruction et la réconciliation sont des étapes cruciales dans le processus de transition vers la paix et la stabilité après un conflit. Dans le cas de l'Ukraine et de la Russie dans l'est de l'Ukraine, des efforts significatifs doivent être entrepris pour reconstruire les infrastructures détruites, fournir une assistance humanitaire aux populations touchées par le conflit et promouvoir la réconciliation entre les communautés divisées par la guerre.

Tout d'abord, la reconstruction des infrastructures détruites est essentielle pour permettre aux communautés locales de reprendre une vie normale après des années de destruction et de perturbations. Cela implique la reconstruction d'habitations, d'écoles, d'hôpitaux, de routes et d'autres infrastructures essentielles pour la vie quotidienne des habitants.

Ces efforts de reconstruction doivent être menés de manière rapide, coordonnée et efficace, en impliquant les autorités locales, les organisations internationales et les agences humanitaires.

Ensuite, il est crucial de fournir une assistance humanitaire aux populations touchées par le conflit, y compris les personnes déplacées, les réfugiés et les communautés les plus vulnérables. Cela comprend la distribution de nourriture, d'eau potable, de médicaments et d'autres fournitures de première nécessité, ainsi que la mise en place de programmes d'aide psychosociale pour les victimes de traumatismes et de violences.

Parallèlement à ces efforts de reconstruction matérielle, il est également nécessaire de promouvoir la réconciliation entre les communautés divisées par la guerre. Cela implique de créer des espaces de dialogue et de rencontre entre les différentes parties en conflit, de faciliter la communication et les échanges entre les groupes ethniques, linguistiques et religieux, et de promouvoir la tolérance, le respect mutuel et la compréhension entre les communautés.

Pour garantir le succès de ces efforts, il est essentiel d'adopter une approche inclusive et participative, impliquant toutes les parties prenantes, y compris les autorités locales, les organisations de la société civile, les groupes religieux, les leaders communautaires et les représentants des populations touchées par le conflit. La médiation internationale peut également jouer un rôle important en facilitant le dialogue et la réconciliation entre les parties en conflit.

En fin de compte, la reconstruction et la réconciliation sont des étapes essentielles pour construire un avenir de paix, de stabilité et de prospérité dans l'est de l'Ukraine. En reconstruisant les infrastructures détruites, en fournissant une assistance humanitaire aux populations touchées et en promouvant la réconciliation entre les communautés divisées par la guerre, les parties impliquées peuvent contribuer à surmonter les divisions du passé et à construire un avenir plus pacifique et inclusif pour tous.

Engagements internationaux

La communauté internationale doit soutenir et faciliter la mise en œuvre de ce plan de paix, en fournissant une assistance financière, technique et diplomatique aux parties impliquées, ainsi qu'en soutenant les efforts de médiation et de réconciliation.

Les engagements internationaux sont indispensables pour soutenir et faciliter la mise en œuvre du plan de paix entre l'Ukraine et la Russie dans l'est de l'Ukraine. La communauté internationale doit jouer un rôle actif en fournissant une assistance financière, technique et diplomatique aux parties impliquées, ainsi qu'en soutenant les efforts de médiation et de réconciliation.

Tout d'abord, en ce qui concerne l'assistance financière, il est crucial que la communauté internationale mobilise des ressources suffisantes pour soutenir les efforts de reconstruction et de développement dans les zones touchées par le conflit.

Cela comprend la mobilisation de fonds pour la reconstruction des infrastructures détruites, la fourniture d'une assistance humanitaire aux populations touchées et le financement de projets de développement économique et social visant à renforcer la résilience des communautés locales.

Ensuite, en ce qui concerne l'assistance technique, la communauté internationale peut apporter son soutien en fournissant une expertise et des ressources techniques pour aider les parties impliquées à mettre en œuvre les différentes composantes du plan de paix. Cela peut inclure l'assistance dans les domaines de la réforme institutionnelle, de la gouvernance locale, de la justice transitionnelle et de la consolidation de la paix.

En ce qui concerne l'assistance diplomatique, la communauté internationale peut jouer un rôle important en facilitant le dialogue et la coopération entre les parties en conflit, en offrant une médiation neutre et impartiale, et en encourageant les deux parties à respecter leurs engagements en vertu du plan de paix.

Les organisations régionales telles que l'Union
européenne, l'Organisation pour la sécurité et la
coopération en Europe (OSCE) et les Nations Unies
peuvent jouer un rôle de premier plan dans ces efforts
diplomatiques.

Enfin, en ce qui concerne les efforts de médiation et
de réconciliation, la communauté internationale peut
soutenir et renforcer les initiatives existantes visant à
faciliter le dialogue et la réconciliation entre les
parties en conflit. Cela peut inclure le soutien aux
initiatives de dialogue intercommunautaire, la
promotion de la réconciliation à travers l'éducation et
la sensibilisation, et le renforcement des capacités des
acteurs locaux engagés dans des efforts de médiation
et de réconciliation.

En fin de compte, l'engagement de la communauté
internationale est essentiel pour garantir le succès du
plan de paix entre l'Ukraine et la Russie dans l'est de
l'Ukraine.

En fournissant une assistance financière, technique et diplomatique aux parties impliquées, ainsi qu'en soutenant les efforts de médiation et de réconciliation, la communauté internationale peut contribuer de manière significative à la construction d'une paix durable et à la reconstruction des régions touchées par le conflit.

Mécanisme de suivi et d'évaluation

Un mécanisme de suivi et d'évaluation indépendant doit être établi pour surveiller la mise en œuvre du plan de paix, évaluer les progrès réalisés et identifier les défis persistants nécessitant une action supplémentaire.

La mise en place d'un mécanisme de suivi et d'évaluation indépendant est essentielle pour garantir la mise en œuvre efficace et transparente du plan de paix entre l'Ukraine et la Russie dans l'est de l'Ukraine. Ce mécanisme permettra de surveiller les progrès réalisés, d'évaluer l'impact des mesures mises en place et d'identifier les défis persistants nécessitant une action supplémentaire.

Tout d'abord, en ce qui concerne le suivi de la mise en œuvre du plan de paix, le mécanisme de suivi et d'évaluation sera chargé de surveiller attentivement les actions entreprises par les parties impliquées pour respecter leurs engagements en vertu du plan de paix.

Cela comprendra la collecte de données, la documentation des activités entreprises et la surveillance des progrès réalisés dans la réalisation des objectifs fixés.

Ensuite, en ce qui concerne l'évaluation des progrès réalisés, le mécanisme de suivi et d'évaluation examinera régulièrement les résultats obtenus par rapport aux objectifs fixés par le plan de paix. Cela permettra d'identifier les domaines où des progrès significatifs ont été réalisés et ceux qui nécessitent une attention particulière ou des ajustements pour garantir le respect des engagements pris.

Enfin, en ce qui concerne l'identification des défis persistants, le mécanisme de suivi et d'évaluation analysera les obstacles et les difficultés rencontrés dans la mise en œuvre du plan de paix, et formulera des recommandations pour surmonter ces défis et progresser vers une résolution pacifique et durable du conflit. Cela peut impliquer la mobilisation de ressources supplémentaires, l'ajustement des politiques et des stratégies, ou la recherche de nouvelles approches pour aborder les problèmes existants.

Pour garantir l'efficacité et la légitimité du mécanisme de suivi et d'évaluation, il est important qu'il soit indépendant, impartial et transparent.

Les membres du mécanisme doivent être choisis sur la base de leur expertise, de leur impartialité et de leur intégrité, et bénéficier d'une totale liberté dans l'exercice de leurs fonctions. De plus, le mécanisme devrait être en mesure de rendre compte de ses activités de manière régulière et transparente, en publiant des rapports périodiques sur les progrès réalisés et les défis rencontrés dans la mise en œuvre du plan de paix.

En fin de compte, le mécanisme de suivi et d'évaluation jouera un rôle crucial dans le suivi de la mise en œuvre du plan de paix entre l'Ukraine et la Russie dans l'est de l'Ukraine. En surveillant les progrès réalisés, en évaluant l'impact des mesures mises en place et en identifiant les défis persistants nécessitant une action supplémentaire, le mécanisme contribuera à renforcer la confiance entre les parties, à garantir la responsabilité et à favoriser une résolution pacifique et durable du conflit.

Conclusion

Ensemble, les mesures énoncées dans ce plan représentent une base solide pour parvenir à une résolution pacifique et durable du conflit entre l'Ukraine et la Russie dans l'est de l'Ukraine. En s'engageant à un cessez-le-feu immédiat et complet, au retrait des troupes étrangères, à la démilitarisation, à la protection des droits de l'homme et des minorités, ainsi qu'à la reconstruction et à la réconciliation, les deux parties reconnaissent l'importance de trouver une solution politique au conflit et de mettre fin aux souffrances des populations civiles.

Ces mesures offrent également une opportunité unique de jeter les bases d'une coopération future et de relations pacifiques entre l'Ukraine et la Russie. En s'engageant à respecter les principes de souveraineté territoriale, d'intégrité territoriale et de non-ingérence dans les affaires intérieures des autres États, les deux pays peuvent reconstruire la confiance mutuelle et travailler ensemble à la résolution des problèmes communs, tels que le développement économique, la sécurité régionale et la protection de l'environnement.

De plus, en établissant un mécanisme de suivi et d'évaluation pour surveiller la mise en œuvre du plan de paix, les deux parties démontrent leur engagement envers la transparence, la responsabilité et le respect des engagements pris. Ce mécanisme permettra de garantir que les progrès réalisés sont régulièrement évalués, que les défis persistants sont identifiés et que les ajustements nécessaires sont apportés pour garantir le succès à long terme du plan.

En fin de compte, la mise en œuvre de ce plan de paix offrira non seulement une opportunité de mettre fin au conflit actuel, mais aussi de jeter les bases d'un avenir plus stable, prospère et pacifique pour la région. En travaillant ensemble à la résolution de leurs différends de manière pacifique et constructive, l'Ukraine et la Russie peuvent ouvrir la voie à une coopération future bénéfique pour les deux pays et pour toute la région.

Table

63. Chapitre 9 : Proposition de Plan de Paix entre l'Ukraine et la Russie

- Cessez-le-feu immédiat et complet
- Retrait des troupes étrangères
- Démilitarisation et désarmement
- Surveillance internationale
- Dialogue politique inclusif
- Réformes constitutionnelles et décentralisation
- Protection des droits de l'homme et des minorités
- Reconstruction et réconciliation
- Engagements internationaux
- Mécanisme de suivi et d'évaluation

92. Conclusion